치매 예방을 위한
우리말 퀴즈

편집부 엮음

이인북스
로드 인 BOOKS

| 차 례 |

치매는 여러 원인에 의해 뇌의 인지 기능이 점차 떨어져 가는 것을
말합니다. 과거와 현재의 기억을 모두 잃어버리고, 자신이 누구인지
알지 못하는 사태에까지 이르면 정상적인 삶을 유지할 수 없습니다.
치매의 대표적인 초기 증상은 기억력 감퇴입니다.
무서운 병이지만 뇌를 단련시키면 충분히 예방할 수 있습니다.
잠자고 있는 뇌 속의 어휘력을 톡 톡 건드려 인지 기능을 높인다면
치매의 가능성은 쑤욱 내려갑니다.

*이 책은 국립국어원 표준국어대사전을
기준으로 하였습니다.

맞는 문장에 O표 하기

[4페이지~47페이지까지 228문항]

우리말 우리글은 생각보다 까다롭지만
제대로 알면 일상이 즐거워집니다.
지인들과 카톡이나 문자로 대화 나눌 때
생각을 자신있게 표현할 수 있습니다.

(1) 이거 만지면 안 돼 ( )

　　이거 만지면 안 되 ( )

(2) 이제 앑 하는 게 좋겠어 ( )

　　이제 안 하는 게 좋겠어 ( )

(3) 그렇게 하면 되니? ( )

　　그렇게 하면 돼니? ( )

(4) 그 일을 하던 말던 상관 안 해 ( )

　　그 일을 하든 말든 상관 안 해 ( )

(5) 해보니 좋던 나쁘던? ( )

　　해보니 좋든 나쁘든? ( )

(6) 내가 하는 일에 웬 참견이야 ( )

　　내가 하는 일에 왠 참견이야 ( )

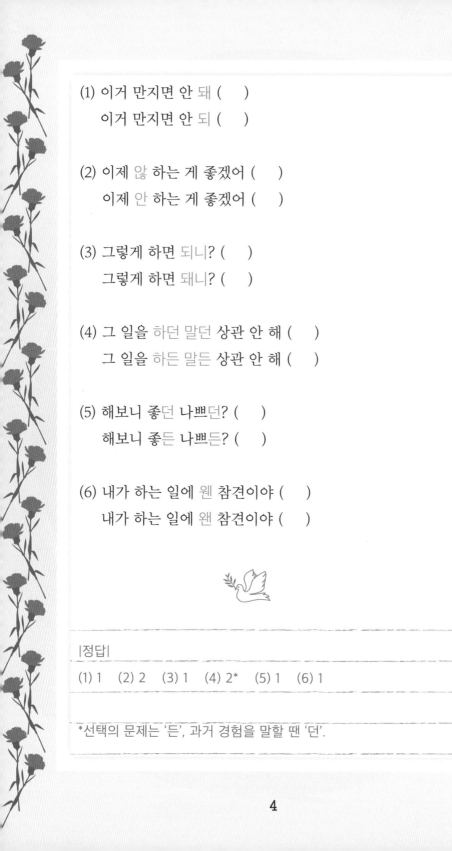

|

(1) 1　(2) 2　(3) 1　(4) 2*　(5) 1　(6) 1

*선택의 문제는 '든', 과거 경험을 말할 땐 '던'.

(7) 오늘 웬일로 여길 다 왔니? (　)
　　오늘 왠일로 여길 다 왔니? (　)

(8) 왠지 모르게 (　)
　　웬지 모르게 (　)

(9) 이번에 큰일을 치뤘지 뭐야 (　)
　　이번에 큰일을 치렀지 뭐야 (　)

(10) 무슨 뜻인지 알아맞혀 봐 (　)
　　무슨 뜻인지 알아맞춰 봐 (　)

(11) 우리 정말 오랜만이다 (　)
　　우리 정말 오랫만이다 (　)

(12) 오랫동안 연락하지 못했다 (　)
　　오랜동안 연락하지 못했다 (　)

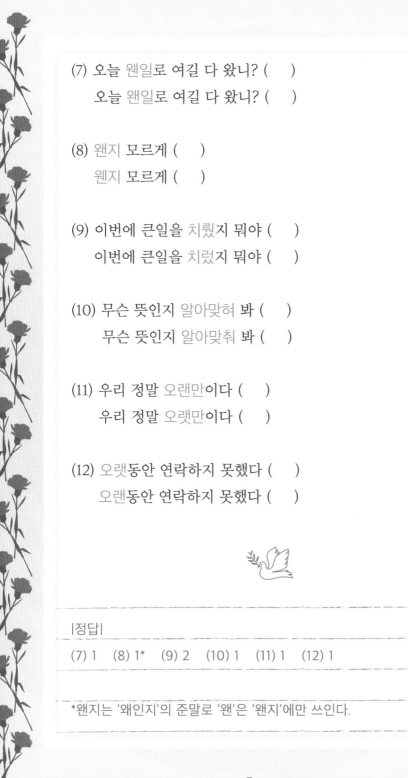

|정답|

(7) 1　(8) 1*　(9) 2　(10) 1　(11) 1　(12) 1

*왠지는 '왜인지'의 준말로 '왠'은 '왠지'에만 쓰인다.

(1) 우리 집에 좀 들렸다 가 (　　)
우리 집에 좀 들렀다 가 (　　)

(2) 식탁에 빵이 놓여 있었다　(　　)
식탁에 빵이 놓여져 있었다 (　　)

(3) 배낭을 어깨에 메고 (　　)
배낭을 어깨에 매고 (　　)

(4) 넥타이를 메고 (　　)
넥타이를 매고 (　　)

(5) 거치른 들판에 홀로 서 있는 나무 (　　)
거친 들판에 홀로 서 있는 나무　(　　)

(6) 마무리가 잘 된 사건　　(　　)
마무리가 잘 되어진 사건 (　　)

|정답|

(1) 2　(2) 1　(3) 1　(4) 2　(5) 2　(6) 1*

*된으로도 충분한데 '되어진'으로 잘못 쓰는 경우가 많다.

(7) 멀리 떠난 것으로 보인다　(　)

　　멀리 떠난 것으로 보여진다 (　)

(8) 어릴 때 짱구로 불리웠던 친구 (　)

　　어릴 때 짱구로 불리었던 친구 (　)

(9) 일이 아직 서툴러요 (　)

　　일이 아직 서투러요 (　)

(10) 이제 첫 발자국 떼었어 (　)

　　이제 첫 발짝 떼었어　(　)

(11) 할지 말지 그건 네가 결정해 (　)

　　할 지 말 지 그건 네가 결정해 (　)

(12) 사랑스런 아기　(　)

　　사랑스러운 아기 (　)

(1) 뒤처리 좀 잘 부탁해 (　)
　　뒷처리 좀 잘 부탁해 (　)

(2) 낯설은 사람 (　)
　　낯선 사람　 (　)

(3) 웃어른의 말을 잘 들어야지 (　)
　　윗어른의 말을 잘 들어야지 (　)

(4) 나의 바람은 네가 건강하게 지내는 거야 (　)
　　나의 바램은 네가 건강하게 지내는 거야 (　)

(5) 행복하기 바라 (　)
　　행복하기 바래 (　)

(6) 안 될 거에요 (　)
　　안 될 거예요 (　)

|정답|

(1)1　(2)2　(3)1*　(4)1　(5)1　(6) 2

*위 아래 대립이 있을 경우에만 '윗'을 쓴다. '아래' 어른이라는 말은 없다.

(7) 이건 비밀이에요 (   )

　　이건 비밀이예요 (   )

(8) 이 자리를 빌어 감사드립니다 (   )

　　이 자리를 빌려 감사드립니다 (   )

(9) 뵌 지 참 오래됐어요　 (   )

　　뵈온 지 참 오래됐어요 (   )

(10) 뒤풀이 자리에서 봅시다 (   )

　　 뒷풀이 자리에서 봅시다 (   )

(11) 위쪽을 봐 (   )

　　 윗쪽을 봐 (   )

(12) 다리 절여 혼났네 (   )

　　 다리 저려 혼났네 (   )

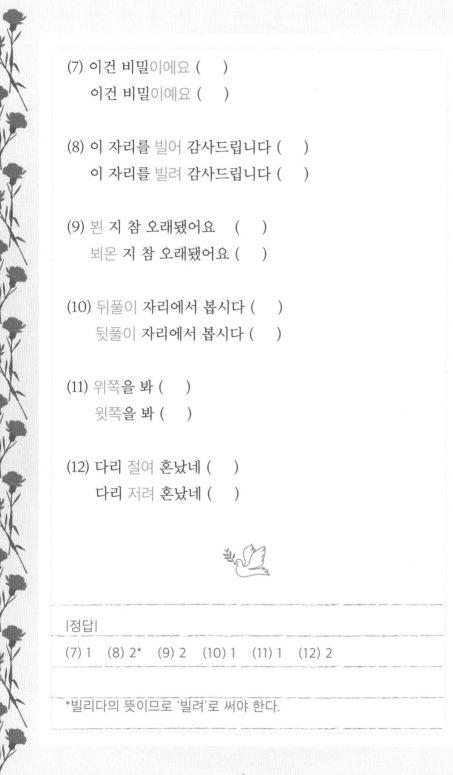

|정답|

(7) 1　 (8) 2*　 (9) 2　 (10) 1　 (11) 1　 (12) 2

*빌리다의 뜻이므로 '빌려'로 써야 한다.

9

(1) 이 방은 천장이 낮다 (　)
　　이 방은 천정이 낮다 (　)

(2) 물가가 천정부지로 뛰어 (　)
　　물가가 천장부지로 뛰어 (　)

(3) 김치 담을 줄 아니? (　)
　　김치 담글 줄 아니? (　)

(4) 손을 물에 담그고 (　)
　　손을 물에 담구고 (　)

(5) 이 일을 어떡하면 좋아? (　)
　　이 일을 어떻하면 좋아? (　)

(6) 타고난 걸 어떻게요 (　)
　　타고난 걸 어떡해요 (　)

|정답|
(1) 1　(2) 1　(3) 2　(4) 1　(5) 1　(6) 2*

*어떡해요는 '어떻게 해요'의 준말.

(7) 몇일 동안 서로 말을 안 했다 (　　)

　　며칠 동안 서로 말을 안 했다 (　　)

(8) 그 분야에서 내로라하는 사람이야 (　　)

　　그 분야에서 내노라하는 사람이야 (　　)

(9) 날 가르칠 생각은 하지 마 (　　)

　　날 가르킬 생각은 하지 마 (　　)

(10) 설렘으로 가득한 신입생들　(　　)

　　설레임으로 가득한 신입생들 (　　)

(11) 그를 보면 마음이 설레이네 (　　)

　　그를 보면 마음이 설레네　(　　)

(12) 밥 앉칠 시간이네 (　　)

　　밥 안칠 시간이네 (　　)

(1) 그 사건이 잊히지 않아 　(　)

　　그 사건이 잊혀지지 않아 (　)

(2) 사람 성격은 쉽게 안 바껴 　(　)

　　사람 성격은 쉽게 안 바뀌어 (　)

(3) 18세 이상이라야 입장할 수 있어 (　)

　　18세 이상이래야 입장할 수 있어 (　)

(4) 장마비가 거세게 내린다 (　)

　　장맛비가 거세게 내린다 (　)

(5) 뒤통수를 그냥 확~ (　)

　　뒷통수를 그냥 확~ (　)

(6) 주제에 어줍잖게 (　)

　　주제에 어쭙잖게 (　)

|정답|

(1) 1*　　(2) 2　　(3) 1　　(4) 2　　(5) 1　　(6) 2

---

*기본형이 '잊다'이므로, '잊히다'로 써야 한다.

(7) 너무 아등바등 살지 마라 (　　)

　　너무 아둥바둥 살지 마라 (　　)

(8) 금세 다 먹었다 (　　)

　　금새 다 먹었다 (　　)

(9) 비로서 생각이 났다 (　　)

　　비로소 생각이 났다 (　　)

(10) 이제 병이 다 나았어 (　　)

　　　이제 병이 다 낳았어 (　　)

(11) 자동차 엔진 오일 갈 때가 되었다 (　　)

　　　자동차 엔진 오일 갈을 때가 되었다 (　　)

(12) 윗돈 주고 산 거야 (　　)

　　　웃돈 주고 산 거야 (　　)

|정답|

(7) 1　　(8) 1　　(9) 2　　(10) 1　　(11) 1　　(12) 2*

*위 아래 대립이 있는 경우에 '윗'. 예) 윗동네, 아랫동네.

10개

10개

(1) 듣기로는 그 사람 참 인색하대 (　　)

　　듣기로는 그 사람 참 인색하데 (　　)

(2) 직접 겪어보니 그 사람 성실하데 (　　)

　　직접 겪어보니 그 사람 성실하대 (　　)

(3) 지성이가 했습니다 (　　)

　　지성이가 했읍니다 (　　)

(4) 지성이가 했슴 (　　)

　　지성이가 했음 (　　)

(5) 넌 참 오지랍도 넓다 (　　)

　　넌 참 오지랖도 넓다 (　　)

(6) 조개 껍질 묶어 (　　)

　　조개 껍데기 묶어 (　　)

|정답|

(1) 1*　(2) 1　(3) 1　(4) 2　(5) 2　(6) 2

*전해 들었을 때는 '대' 경험한 걸 말할 때는 '데'.

(7) 쟤는 참 잘 삐져 (   )

쟤는 참 잘 삐쳐 (   )

(8) 제멋대로 들쑥날쑥이야 (   )

제멋대로 들쭉날쭉이야 (   )

(9) 안경 너머 보이는 다정한 눈빛 (   )

안경 넘어 보이는 다정한 눈빛 (   )

(10) 글씨가 개발새발 (   )

글씨가 괴발새발 (   )

(11) 가진 수단을 다 써서 (   )

갖은 수단을 다 써서 (   )

(12) 어름이 꽁꽁 얼었네 (   )

얼음이 꽁꽁 얼었네 (   )

|정답|

(7) 2   (8) 둘 다   (9) 1*   (10) 1   (11) 2   (12) 2

*'넘어'는 동사, '너머'는 위치나 공간을 나타낼 때 쓴다.

(1) 오해가 풀릴는지 모르겠다 (　　)

오해가 풀릴런지 모르겠다 (　　)

(2) 놀란 얼굴이 흙빛이네 (　　)

놀란 얼굴이 흑빛이네 (　　)

(3) 서랍 안쪽을 찾아 봐 (　　)

서랍 안쪽을 찾아 봐 (　　)

(4) 깍듯이 인사 잘 하네 (　　)

깎듯이 인사 잘 하네 (　　)

(5) 마당에 눈이 싸여 있다 (　　)

마당에 눈이 쌓여 있다 (　　)

(6) 나쁜 습관이 눈에 띄게 줄었다 (　　)

나쁜 습관이 눈에 띠게 줄었다 (　　)

|정답|

(1) 1　(2) 1　(3) 1　(4) 1　(5) 2*　(6) 1

*표개져 있는 모양은 쌓여, 물건은 포장지에 싸여.

18

(7) 아직 두 살박이 아기야 (　　)
　　아직 두 살배기 아기야 (　　)

(8) 통털어 벌써 몇 번이야 (　　)
　　통틀어 벌써 몇 번이야 (　　)

(9) 그거 그렇게 하지 마요 (　　)
　　그거 그렇게 하지 말아요 (　　)

(10) 너무 슬퍼하지 마라 (　　)
　　너무 슬퍼하지 말아 (　　)

(11) 이 옷은 너무 해졌네 (　　)
　　이 옷은 너무 헤졌네 (　　)

(12) 식구라야 우리 둘뿐이야 (　　)
　　식구래야 우리 둘뿐이야 (　　)

|정답|

(7) 2*　 (8) 2　 (9) 1　 (10) 1　 (11) 1　 (12) 2

*어린아이의 나이를 말할 땐 '배기'. '박이'는 '오이소박이' 등에 쓴다.

(1) 우체국에 택배 붙이러 가자 (　　)
　　우체국에 택배 부치러 가자 (　　)

(2) 미처 다 하지 못한 숙제 (　　)
　　미쳐 다 하지 못한 숙제 (　　)

(3) 힘깨나 쓴다고 우쭐대는 모양새라니 (　　)
　　힘께나 쓴다고 우쭐대는 모양새라니 (　　)

(4) 맛있는 고등어 조림 (　　)
　　맛있는 고등어 졸임 (　　)

(5) 책상에 엎드려 자는 아이 (　　)
　　책상에 업드려 자는 아이 (　　)

(6) 입빠른 소리 잘 하는 아주머니 (　　)
　　입바른 소리 잘 하는 아주머니 (　　)

|정답|

(1) 2　　(2) 1　　(3) 1　　(4) 1　　(5) 1　　(6) 2*

*입빠른은 입이 가볍다는 뜻.

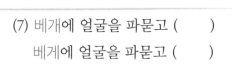

(7) 베개에 얼굴을 파묻고 (　　)
　　베게에 얼굴을 파묻고 (　　)

(8) 소녀의 앳띤 얼굴 (　　)
　　소녀의 앳된 얼굴 (　　)

(9) 그 시절이 그리웁네요 (　　)
　　그 시절이 그립네요 (　　)

(10) 앞서거니 뒷서거니 걷는 두 사람 (　　)
　　앞서거니 뒤서거니 걷는 두 사람 (　　)

(11) 너댓 살 되어 보인다 (　　)
　　네댓 살 되어 보인다 (　　)

(12) 새파란 하늘 (　　)
　　샛파란 하늘 (　　)

|정답|

(7) 1　(8) 2　(9) 2　(10) 2　(11) 2*　(12) 1

*보통 너댓이라 말하는데 '네댓'이 맞다.

21

(1) 사람이 참 짖궂어 (　　　)

　　사람이 참 짓궂어 (　　　)

---

(2) 짐을 너무 우겨넣었다 (　　　)

　　짐을 너무 욱여넣었다 (　　　)

---

(3) 막중한 임무를 띠고 떠났다 (　　　)

　　막중한 임무를 띄고 떠났다 (　　　)

---

(4) 우리 이모는 뜨게질을 참 잘하셔 (　　　)

　　우리 이모는 뜨개질을 참 잘하셔 (　　　)

---

(5) 휘젓고 다니는 아이 (　　　)

　　휘젖고 다니는 아이 (　　　)

---

(6) 그을려 거무틱틱한 얼굴 (　　　)

　　그을려 거무튀튀한 얼굴 (　　　)

|정답|

(1) 2　　(2) 2　　(3) 1*　　(4) 2　　(5) 1　　(6) 2

*얼굴에 미소는 '띠고' 임무 혹은 노기는 '띠고'.

22

(7) 삼가 주시기 바랍니다 (　　)

　　삼가해 주시기 바랍니다 (　　)

(8) 뿌리채, 송두리채, 통채로 (　　)

　　뿌리째, 송두리째, 통째로 (　　)

(9) 이따가 나 좀 봐 (　　)

　　있다가 나 좀 봐 (　　)

(10) 너와 나의 만남은 필연이었어 (　　)

　　　너와 나의 만남은 필연이었어 (　　)

(11) 한 웅쿰 가져가 (　　)

　　　한 움큼 가져가 (　　)

(12) 이래뵈도 난 성인이라고 (　　)

　　　이래봬도 난 성인이라고 (　　)

|정답|

(7) 1*　(8) 2　(9) 1　(10) 2　(11) 2　(12) 2

*기본형이 '삼가하다'가 아니고 '삼가다'이므로 '삼가'로 써야 한다.

(1) 제 역할을 잘 해야 (   )

제 역활을 잘 해야 (   )

(2) 물을 가질러 가는 사이 (   )

물을 가지러 가는 사이 (   )

(3) 회사 갖다 올께 (   )

회사 갔다 올게 (   )

(4) 제가 해드릴 게요 (   )

제가 해드릴 께요 (   )

(5) 더러워진 걸래 (   )

더러워진 걸레 (   )

(6) 코긇이가 심하다 (   )

코골이가 심하다 (   )

|정답|

(1) 1   (2) 2   (3) 2   (4) 1   (5) 2*   (6) 2

*걸레의 표기가 헷갈릴 땐, '도레미송 부르며 걸레질'을 기억하자.

(7) 꿈속을 헤매다 깼다 (　　)

　　꿈속을 헤매이다 깼다 (　　)

(8) 너 찾느라 얼마나 헤매었는지 몰라 (　　)

　　너 찾느라 얼마나 헤매였는지 몰라 (　　)

(9) 잘한다고 너무 으스대지 마 (　　)

　　잘한다고 너무 으시대지 마 (　　)

(10) 퀘퀘묵은 이야기 (　　)

　　케케묵은 이야기 (　　)

(11) 잘 튕기는 아이 (　　)

　　잘 팅기는 아이 (　　)

(12) 이건 틀리기 쉽상이지 (　　)

　　이건 틀리기 십상이지 (　　)

|정답|

(7) 1　(8) 1*　(9) 1　(10) 2　(11) 1　(12) 2

*기본형 '헤매다'에 과거형 '었'이 붙어 '헤매었는지'가 된다.

11개

11개

(1) 멋스러웁게 모자를 쓰고 (　　)

멋스럽게 모자를 쓰고 (　　)

(2) 세 번째 구절이 맘에 들어 (　　)

세 번째 귀절이 맘에 들어 (　　)

(3) 쟤 말에는 알맹이가 없어 (　　)

쟤 말에는 알멩이가 없어 (　　)

(4) 돌맹이 좀 주워 와 (　　)

돌맹이 좀 주어 와 (　　)

(5) 사업 시작 년도가 어떻게 되지? (　　)

사업 시작 연도가 어떻게 되지? (　　)

(6) 폭발하듯 엉엉 우는 아이 (　　)

폭팔하듯 엉엉 우는 아이 (　　)

|정답|

(1) 2　(2) 1　(3) 1　(4) 1　(5) 2*　(6) 1

*낱말의 처음에든 두음법칙에 의해 년이 아닌 연이 된다.

(7) 짜장면 한 그릇 (　　)

　　자장면 한 그릇 (　　)

(8) 그와 동거동락한 지 어언 10년 (　　)

　　그와 동고동락한 지 어언 10년 (　　)

(9) 재떨이 좀 주세요 (　　)

　　재털이 좀 주세요 (　　)

(10) 임을 위한 노래 (　　)

　　님을 위한 노래 (　　)

(11) 너에게만 말할게 (　　)

　　너에게만 말할께 (　　)

(12) 화가 갈아앉을 때까지 (　　)

　　화가 가라앉을 때까지 (　　)

(1) 예쁜 꽃봉오리 (　　　)

　　예쁜 꽃봉우리 (　　　)

(2) 높은 산봉오리 (　　　)

　　높은 산봉우리 (　　　)

(3) 건더기도 없는 국 (　　　)

　　건데기도 없는 국 (　　　)

(4) 오무라이스 먹고 싶다 (　　　)

　　오므라이스 먹고 싶다 (　　　)

(5) 그 부부 기어이 결딴났어 (　　　)

　　그 부부 기어이 결단났어 (　　　)

(6) 그것도 모잘라? (　　　)

　　그것도 모자라? (　　　)

(7) 잠에 골아떨어졌네 (   )

　　잠에 곯아떨어졌네 (   )

(8) 이 달걀은 골았다 (   )

　　이 달걀은 곯았다 (   )

(9) 겉보기에 초라하다고 괄시하지 마 (   )

　　겉보기에 초라하다고 괄세하지 마 (   )

(10) 눈에 거스르는 행동 (   )

　　 눈에 거슬리는 행동 (   )

(11) 내가 말하고저 하는 것은 (   )

　　 내가 말하고자 하는 것은 (   )

(12) 우리 삼촌의 멋있는 구레나룻 (   )

　　 우리 삼촌의 멋있는 구렛나루 (   )

(1) 내게 귀뜸 좀 해줘 (　　)
　　내게 귀띔 좀 해줘 (　　)

(2) 방금 치울려던 참이었어 (　　)
　　방금 치우려던 참이었어 (　　)

(3) 당신이 방금 할려고 한 것 (　　)
　　당신이 방금 하려고 한 것 (　　)

(4) 눈곱 좀 떼고 말해 (　　)
　　눈꼽 좀 떼고 말해 (　　)

(5) 눈살 찌푸리게 하는 행동 (　　)
　　눈쌀 찌푸리게 하는 행동 (　　)

(6) 케이크에 초를 꼽다 (　　)
　　케이크에 초를 꽂다 (　　)

(7) 천안께쯤 갔을 거다 (   )

천안깨쯤 갔을 거다 (   )

(8) 손바닥만 한 밭떼기 하나 있어 (   )

손바닥만 한 밭뙈기 하나 있어 (   )

(9) 아기 손이 너무 앙징맞아 (   )

아기 손이 너무 앙증맞아 (   )

(10) 대형 마트의 끼워 팔기 상술 (   )

대형 마트의 끼어 팔기 상술 (   )

(11) 단추 좀 끼워요 (   )

단추 좀 끼어요 (   )

(12) 얼마나 놀랐는지 (   )

얼마나 놀랬는지 (   )

|정답|

(7) 1   (8) 2   (9) 2   (10) 2*   (11) 1   (12) 1

*'끼워'는 구멍에 끼우는 것.

(1) 아빠는 지나치게 나무래서 (   )

아빠는 지나치게 나무라서 (   )

(2) 그깟 종이 나부랭이 (   )

그깟 종이 나부랑이 (   )

(3) 창피해서 얼굴이 붉어졌다 (   )

챙피해서 얼굴이 붉어졌다 (   )

(4) 오줌 누고 올게 (   )

오줌 눟고 올게 (   )

(5) 사람이 쩨쩨하게 굴어 (   )

사람이 째째하게 굴어 (   )

(6) 낚싯줄을 나꿔채다 (   )

낚싯줄을 낚아채다 (   )

|정답|

(1) 2   (2) 1   (3) 1   (4) 1   (5) 1*   (6) 2

*째째보다 쩨쩨가 더 속이 좁아 보인다.

34

(7) 날개 돋힌 듯 팔렸다 (　　)

　　날개 돋친 듯 팔렸다 (　　)

(8) 여태 하던 대로 하시지 (　　)

　　여태 하던 데로 하시지 (　　)

(9) 바람에 모자가 날라갔어 (　　)

　　바람에 모자가 날아갔어 (　　)

(10) 높이 날으는 갈매기 (　　)

　　　높이 나는 갈매기 (　　)

(11) 뒤에 쳐져 달리는 아이 (　　)

　　　뒤에 처져 달리는 아이 (　　)

(12) 힘이 딸려서 못 이겨 (　　)

　　　힘이 달려서 못 이겨 (　　)

*딸리다는 '방에 부엌이 딸려 있다' 등에 쓰인다.

(1) 수돼지 수소 수강아지 (   )

　　숫돼지 숫소 숫강아지 (   )

(2) 여기 날개쭉지 좀 눌러줘 (   )

　　여기 날갯죽지 좀 눌러줘 (   )

(3) 제가 해드릴 게요 (   )

　　제가 해드릴 께요 (   )

(4) 나쁜 습관이 몸에 뱄어 (   )

　　나쁜 습관이 몸에 배였어 (   )

(5) 눈물에 목이 메이는데 (   )

　　눈물에 목이 메는데 (   )

(6) 빗물에 패인 흙구덩이 (   )

　　빗물에 파인 흙구덩이 (   )

(7) 남에게 베풀을 줄도 알아야지 (　　)
남에게 베풀 줄도 알아야지　(　　)

(8) 베푼 것은 잊는 게 좋아　(　　)
베풀은 것은 잊는 게 좋아 (　　)

(9) 파도가 부숴지는 바다 (　　)
파도가 부서지는 바다 (　　)

(10) 다 부셔버려 (　　)
다 부숴버려 (　　)

(11) 자장면 불기 전에 어서 먹어 (　　)
자장면 붇기 전에 어서 먹어 (　　)

(12) 거울에 얼굴을 비춰 봐 (　　)
거울에 얼굴을 비쳐 봐 (　　)

|정답|

(7) 2　(8) 1　(9) 2　(10) 2　(11) 2　(12) 1*

*비추다든 '~을(를)'이라든 목적어를 필요로 하는 타동사.

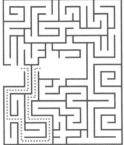

(1) 나랏님의 말씀 (　　)

　　나라님의 말씀 (　　)

(2) 방긋 웃는 해님 (　　)

　　방긋 웃는 햇님 (　　)

(3) 널 보면 눈살을 찌푸리게 돼 (　　)

　　널 보면 눈쌀을 찌푸리게 돼 (　　)

(4) 저리로 가십시요 (　　)

　　저리로 가십시오 (　　)

(5) 마음이 착찹하다 (　　)

　　마음이 착잡하다 (　　)

(6) 하얀 눈에 덮힌 들판 (　　)

　　하얀 눈에 덮인 들판 (　　)

(7) 나갈 때 문 잘 잠궈라 (　　)

나갈 때 문 잘 잠가라 (　　)

(8) 도기장이 미장이 옹기장이 (　　)

도기쟁이 미쟁이 옹기쟁이 (　　)

(9) 숨을 크게 들여마셔 (　　)

숨을 크게 들이마셔 (　　)

(10) 오래 했더니 질력 난다 (　　)

오래 했더니 진력 난다 (　　)

(11) 하얀 벚꽃 필 때 (　　)

하얀 벗꽃 필 때 (　　)

(12) 짠 음식의 대표 젓갈 (　　)

짠 음식의 대표 젖갈 (　　)

|정답|

(7) 2*　　(8) 1　　(9) 2　　(10) 1　　(11) 1　　(12) 1

*잠구다가 아닌 '잠그다'가 기본형으로 '잠가'가 맞다.

(1) 그렇게 늦장 부리다 늦는다 (　　　)

　　그렇게 늑장 부리다 늦는다 (　　　)

(2) 학교 갈 채비 다 했니? (　　　)

　　학교 갈 차비 다 했니? (　　　)

(3) 귓불이 참 두텁다 (　　　)

　　귓볼이 참 두텁다 (　　　)

(4) 담배 피면 건강에 해롭다 　(　　　)

　　담배 피우면 건강에 해롭다 (　　　)

(5) 한참 예쁠 때다 (　　　)

　　한창 예쁠 때다 (　　　)

(6) 빈털터리로 시작한 사업 (　　　)

　　빈털털이로 시작한 사업 (　　　)

|정답|

(1) 2　　(2) 1　　(3) 1　　(4) 2　　(5) 2 *　　(6) 1

*한참은 오랜 시간을 말할 때 쓴다. 예) 한참 동안.

(7) 치근덕거리는 게 그 사람의 취미야 (   )

　　추근덕거리는 게 그 사람의 취미야 (   )

(8) 요즘 우리들의 화잿거리 (   )

　　요즘 우리들의 화젯거리 (   )

(9) 인물 참 훤칠하다 (   )

　　인물 참 훤출하다 (   )

(10) 찬성율 90프로 (   )

　　 찬성률 90프로 (   )

(11) 판을 잘 벌리는 사람 (   )

　　 판을 잘 벌이는 사람 (   )

(12) 언덕배기 오르기 힘드네 (   )

　　 언덕빼기 오르기 힘드네 (   )

(1) 사고를 당해 얼굴이 흉측해졌어 (   )
    사고를 당해 얼굴이 흉칙해졌어 (   )

(2) 다리 좀 오무려 (   )
    다리 좀 오므려 (   )

(3) 행복(건강)하세요   (   )
    행복(건강)하시기 바랍니다 (   )

(4) 꿈을 좇는 아이들의 모습 (   )
    꿈을 쫓는 아이들의 모습 (   )

(5) 왜 그렇게 쭈구리고 있어? (   )
    왜 그렇게 쭈그리고 있어? (   )

(6) 은행잎이 뒹구는 가을 길 (   )
    은행잎이 딩구는 가을 길 (   )

|정답|

(1) 1   (2) 2   (3) 2*   (4) 1   (5) 2   (6) 1

*하세요는 권유할 때 쓰는 말로, 행복이나 건강은 권유할 수 없다.

(7) 어쩔 지를 모르더라 (　　)

　　어쩔 줄을 모르더라 (　　)

(8) 안절부절하는 게 안타까워서　(　　)

　　안절부절 못하는 게 안타까워서 (　　)

(9) 안쓰러운 너의 모습 (　　)

　　안스러운 너의 모습 (　　)

(10) 들랑달랑 그만 해 (　　)

　　들락날락 그만 해 (　　)

(11) 오뚝오뚝 일어나는 오뚝이 (　　)

　　오뚝오뚝 일어나는 오뚜기 (　　)

(12) 덮개 좀 잘 덮어라 (　　)

　　덮게 좀 잘 덮어라 (　　)

|정답|

(7) 2　(8) 2　(9) 1　(10) 2　(11) 1　(12) 1*

*개는 도구에 붙는 접미사이다. 예) 싸개, 지우개.

(1) 그대 있으매 행복한 건 바로 나야 (　　)

그대 있음에 행복한 건 바로 나야 (　　)

(2) 깎아지른 듯한 벼랑 (　　)

깎아지른 듯한 벼랑 (　　)

(3) 남녀노소 누구나 (　　)

남여노소 누구나 (　　)

(4) 생로병사는 마음대로 안 된다 (　　)

생노병사는 마음대로 안 된다 (　　)

(5) 너희들 시점은 그렇지만 (　　)

너희들 싯점은 그렇지만 (　　)

(6) 인원이 많이 모잘라 (　　)

인원이 많이 모자라 (　　)

(7) 모자르면 얘기해 줘 (   )

모자라면 얘기해 줘 (   )

(8) 우리 나라에서는 (   )

저희 나라에서는 (   )

(9) 사장님 말씀이 있으시겠습니다 (   )

사장님 말씀이 계시겠습니다   (   )

(10) 내 생각과 네 생각은 틀려 (   )

내 생각과 네 생각은 달라 (   )

(11) 팔뚝이 어쩜 그렇게 얇으니? (   )

팔뚝이 어쩜 그렇게 가느니? (   )

(12) 그 사실을 오늘에야 알았어 (   )

그 사실을 오늘이야 알았어 (   )

맞는 띄어쓰기에 O표 하기

[50페이지~58페이지까지 63문항]

우리글 중 가장 까다로운 것이 바로 띄어쓰기
실생활에서 자주 쓰는 몇 개만 주의해도 OK!

(1) 잘난 척하시네 (　　)
　　잘난척 하시네 (　　)

(2) 내 마음입니다 (　　)
　　내 마음 입니다 (　　)

(3) 말씀 드릴 게 있어요 (　　)
　　말씀드릴 게 있어요 (　　)

(4) 뭐부터 해야 할지 (　　)
　　뭐 부터 해야 할지 (　　)

(5) 어디까지 가야 하나 (　　)
　　어디 까지 가야 하나 (　　)

(6) 오른(왼) 손 올려 봐 (　　)
　　오른손(왼손) 올려 봐 (　　)

(7) 사람 마다 성격이 다르니까 (　　)
　　사람마다 성격이 다르니까 (　　)

|정답|

(1) 1　(2) 1　(3) 2　(4) 1　(5) 1　(6) 2　(7) 2

(8) 이사한 지 몇 년 되었어요? (　　)
　　 이사한지 몇 년 되었어요? (　　)

(9) 몇 년 째 직장을 못 구했어 (　　)
　　 몇 년째 직장을 못 구했어 (　　)

(10) 첫 인상이 중요하다 (　　)
　　 첫인상이 중요하다 (　　)

(11) 첫 번째로 등록했어 (　　)
　　 첫번 째로 등록했어 (　　)

(12) 너 하고 같이 가고 싶어 (　　)
　　 너하고 같이 가고 싶어 (　　)

(13) 내겐 너밖에 없다 (　　)
　　 내겐 너 밖에 없다 (　　)

(14) 내 눈엔 네가 제일 잘생겼어 (　　)
　　 내 눈엔 네가 제일 잘 생겼어 (　　)

|정답|

(8) 1　 (9) 2　 (10) 2　 (11) 1　 (12) 2　 (13) 1　 (14) 1

(1) 부유하게 잘사는 사람이야 (　　)
　　부유하게 잘 사는 사람이야 (　　)

(2) 제멋대로 생각하지 말고 (　　)
　　제 멋대로 생각하지 말고 (　　)

(3) 아무 것도 없어요 (　　)
　　아무것도 없어요 (　　)

(4) 아무거나 주세요 (　　)
　　아무 거나 주세요 (　　)

(5) 어느새 봄이네 (　　)
　　어느 새 봄이네 (　　)

(6) 사람 마음 변하는 거 한 순간이다 (　　)
　　사람 마음 변하는 거 한순간이다 (　　)

(7) 잃어버릴 뻔했어 (　　)
　　잃어버릴 뻔 했어 (　　)

|정답|

(1) 1　 (2) 1　 (3) 2　 (4) 1　 (5) 1　 (6) 2　 (7) 1

(8) 예쁠뿐더러 성격도 좋아요 (　　)

　　예쁠 뿐더러 성격도 좋아요 (　　)

(9) 너 뿐만 아니라 (　　)

　　너뿐만 아니라 (　　)

(10) 미울 뿐만 아니라 (　　)

　　미울뿐만 아니라 (　　)

(11) 여긴 보잘 것 없네 (　　)

　　여긴 보잘것없네 (　　)

(12) 작디작은 꽃봉오리 (　　)

　　작디 작은 꽃봉오리 (　　)

(13) 참 된 사람 (　　)

　　참된 사람 (　　)

(14) 너 그 사람과 한통속이었구나 (　　)

　　너 그 사람과 한 통속이었구나 (　　)

|정답|　　　　　　　　　　　*조사는 명사에 붙여 쓴다.

(8) 1　(9) 2*　(10) 1　(11) 2　(12) 1　(13) 2　(14) 1

(1) 어디 쯤 가고 있을까 (　　)
　　어디쯤 가고 있을까 (　　)

(2) 그런 데 가는 건 안 좋아 (　　)
　　그런데 가는 건 안 좋아 (　　)

(3) 살 만하다 싶었는데 (　　)
　　살만 하다 싶었는데 (　　)

(4) 집채만 한 바위 (　　)
　　집채 만한 바위 (　　)

(5) 먹음직스러운 음식 (　　)
　　먹음직 스러운 음식 (　　)

(6) 한 솥 밥 먹고 지낸 사이 (　　)
　　한솥밥 먹고 지낸 사이 　(　　)

(7) 방 한쪽으로 치워 놓자 (　　)
　　방 한 쪽으로 치워 놓자 (　　)

|정답|

(1)2　(2)1　(3)1　(4)1*　(5)1　(6)2　(7)1　　*비교할 때 '만'은 붙여 쓴다.

54

(8) 사람이 참 믿음직해 (　　)
　　 사람이 참 믿음직 해 (　　)

(9) 여자 치고는 힘이 세 (　　)
　　 여자치고는 힘이 세 (　　)

(10) 그 사람은 아직 모르는 듯해 (　　)
　　 그 사람은 아직 모르는 듯 해 (　　)

(11) 너마저 몰라주면 나는 어떡해 (　　)
　　 너 마저 몰라주면 나는 어떡해 (　　)

(12) 청군대 백군 (　　)
　　 청군 대 백군 (　　)

(13) 아는 만큼 보인다 (　　)
　　 아는만큼 보인다 (　　)

(14) 너 만큼 나도 알아 (　　)
　　 너만큼 나도 알아 (　　)

|정답|　　　　　　　　　　　*조사는 명사에 붙여 쓴다.

(8)1　(9)2*　(10)1　(11)1*　(12)2　(13)1　(14)2*

(1) 그걸 아는 지 모르는 지 (　　)

　　그걸 아는지 모르는지 　(　　)

(2) 회사에서 거절 당했어 (　　)

　　회사에서 거절당했어 (　　)

(3) 오늘 중으로 돌아온댔어 (　　)

　　오늘중으로 돌아온댔어 (　　)

(4) 맨 손으로 시작한 사람이야 (　　)

　　맨손으로 시작한 사람이야 (　　)

(5) 너 참 성질 못 됐다 (　　)

　　너 참 성질 못됐다 (　　)

(6) 만나면 만날수록 좋아져 (　　)

　　만나면 만날 수록 좋아져 (　　)

(7) 길 한 가운데 서 있지 마세요 (　　)

　　길 한가운데 서 있지 마세요 (　　)

|정답|

(1) 2 　(2) 2 　(3) 1 　(4) 2 　(5) 2 　(6) 1 　(7) 2

(8) 너 보다 내가 몇 배낫지 (　　)

　　너보다 내가 몇 배 낫지 (　　)

(9) 소나기가 한 차례 쏟아지겠다 (　　)

　　소나기가 한차례 쏟아지겠다 (　　)

(10) 한 바탕 싸움을 벌이다 (　　)

　　한바탕 싸움을 벌이다 (　　)

(11) 부부간에 그러면 되겠니? (　　)

　　부부 간에 그러면 되겠니? (　　)

(12) 은연중에 그런 생각을 하게 되더라 (　　)

　　은연 중에 그런 생각을 하게 되더라 (　　)

(13) 서울 부산간 철도 (　　)

　　서울 부산 간 철도 (　　)

(14) 한눈에 널 알아봤지 (　　)

　　한 눈에 널 알아봤지 (　　)

|정답|

(8) 2　　(9) 2　　(10) 2　　(11) 1　　(12) 1　　(13) 2　　(14) 1

(1) 진작에 말할 걸 (　　)
　　진작에 말할걸 (　　)

(2) 오기는커녕 가지도 않았어 (　　)
　　오기는 커녕 가지도 않았어 (　　)

(3) 스물 한 살, 마흔 두 살 (　　)
　　스물한 살, 마흔두 살 (　　)

(4) 나 원 참, 어처구니없어서 (　　)
　　나 원 참, 어처구니 없어서 (　　)

(5) 볼썽 사나워 못 보겠네 (　　)
　　볼썽사나워 못 보겠네 (　　)

(6) 그걸 네가 알리 없지 (　　)
　　그걸 네가 알 리 없지 (　　)

(7) 너한테 다 줄 거야 (　　)
　　너 한테 다 줄 거야 (　　)

|정답|　　　　　　　　　　*'ㄴ커녕'과 '한테'는 조사이므로 붙여 쓴다.

(1) 2　(2) 1*　(3) 2　(4) 1　(5) 2　(6) 2　(7) 1*

괄호 안에 낱말 넣기

(1) 사과(　　) 배(　　) 과일 좀 사 와
　　든 / 던

(2) 구부리지 말고(　　) 앉아
　　반드시 / 반듯이

(3) 누가 (　　) 뀌었어?
　　방구 / 방귀

(4) 그게 (　　) 일이라고 생각해?
　　되는 / 돼는

(5) 엄마 언제 올 (　　)?
　　거야 / 꺼야

(6) (　　) 좋을지 생각해 보자
　　어떡하면 / 어떻하면

(7) (　　) 네가 상관할 바 아냐
　　어쨌던 / 어쨌든

(8) 상추 씻어서 (　　)에 받쳐 놔
　　체반 / 채반

|정답|

(1) 든
(2) 반듯이
(3) 방귀
(4) 되는
(5) 거야
(6) 어떡하면
(7) 어쨌든
(8) 채반

59

(1) ( ) 이 마음을 알 리 없지
설레이는 / 설레는

(2) 얼굴에 노기를 ( ) 화를 버럭
띠고 / 띄고

(3) 목이 ( ) 말을 못 하겠어
메어 / 메이어

(4) ( ) 보니 서먹서먹하다
오랜만에 / 오랫만에

(5) ( ) 모르게 끌리는 사람
왠지 / 웬지

(6) 이게 ( ) 떡이야?
웬 / 왠

(7) 우리 아기 ( )갈 시간이네
기저기 / 기저귀

(8) 구수한 ( )
눌은밥 / 누른밥

(9) ( ) 참 예쁘네
귀고리 / 귀걸이

|정답|

1) 설레는
2) 띠고
3) 메어
4) 오랜만에
5) 왠지
6) 웬
7) 기저귀
8) 눌은밥
9) 귀고리

(10) 바람에 (   ) 버렸어
날아가 / 날라가

(11) 너 (   )하느라 힘들어
뒤치닥거리 / 뒤치다꺼리

(12) 눈에 (   ) 산봉우리
덮힌 / 덮인

(13) 포대기에 (   ) 아기
싸인 / 쌓인

(14) 다섯 살(   ) 유치원생
배기 / 박이

(15) 사장이라 (   ) 사람이야
불리우던 / 불리던

(16) 사과는 껍질(   ) 먹는 게 좋대
째 / 채

(17) 어려운 시험 (   ) 고생했다
치르느라 / 치루느라

(18) 너의 그 말이 (   ) 않아
잊혀지지 / 잊히지

|정답|

10) 날아가
11) 뒤치다꺼리
12) 덮인
13) 싸인
14) 배기
15) 불리던
16) 째
17) 치르느라
18) 잊히지

외국어 · 외래어

글러브 ( )	리더십 ( )	모터 ( )
글럽 ( )	리더쉽 ( )	모우터 ( )
깁스 ( )	리모컨 ( )	미라 ( )
기부스 ( )	리모콘 ( )	미이라 ( )
논픽션 ( )	링거액 ( )	미스터리 ( )
넌픽션 ( )	링게르액 ( )	미스테리 ( )
다이아몬드 ( )	마사지 ( )	바리케이드 ( )
다이어몬드 ( )	맛사지 ( )	바리케이트 ( )
다이얼 ( )	마케팅 ( )	밸런스 ( )
다이알 ( )	마켓팅 ( )	발란스 ( )
달걀 프라이 ( )	매뉴얼 ( )	블록 ( )
달걀 후라이 ( )	메뉴얼 ( )	블럭 ( )
러닝 셔츠 ( )	메시지 ( )	선팅 ( )
런닝 서츠 ( )	메세지 ( )	썬팅 ( )
레퍼토리 ( )	멤버십 ( )	센터 ( )
레파토리 ( )	멤버쉽 ( )	센타 ( )
로봇 ( )	모럴 ( )	소시지 ( )
로보트 ( )	모랄 ( )	소세지 ( )

소파 (　　) 　　에어컨 (　　) 　　컬러 (　　)
쇼파 (　　) 　　에어콘 (　　) 　　칼라 (　　)

쇼윈도 　(　　) 　전자레인지 (　　) 　케이크 (　　)
쇼윈도우 (　　) 　전자렌지 　(　　) 　케익 　(　　)

스태프 (　　) 　　주스 (　　) 　　텔레비전 (　　)
스탭 　(　　) 　　쥬스 (　　) 　　텔레비젼 (　　)

슬로건 　(　　) 　챔피언 (　　) 　　트랜드 (　　)
슬로우건 (　　) 　참피언 (　　) 　　트렌드 (　　)

슬로 시티 　(　　) 　초콜릿 (　　) 　프라이팬 (　　)
슬로우 시티 (　　) 　초콜렛 (　　) 　후라이팬 (　　)

알코올 (　　) 　　추리닝 (　　) 　플래시 (　　)
알콜 　(　　) 　　츄리닝 (　　) 　후래시 (　　)

앙케트 　(　　) 　카메오 (　　) 　피라미드 (　　)
앙케이트 (　　) 　까메오 (　　) 　피라밋 　(　　)

액세서리 (　　) 　커닝 (　　) 　　피시 (　　)
악세사리 (　　) 　컨닝 (　　) 　　피쉬 (　　)

액셀러레이터 (　　) 　커튼 (　　) 　　필름 (　　)
액셀레이터 　(　　) 　커텐 (　　) 　　필림 (　　)

정답은 모두 1번

이인북스 치매 예방 시리즈

노년을 건강하고 아름답게 ⑧

치매 예방을 위한
우리말 퀴즈

초판 인쇄 2024년 6월 05일
초판 발행 2024년 6월 10일

엮은이 편집부
펴낸곳 이인북스

등록번호 2007년 12월 14일 제311-2007-36호
주소 경기도 고양시 일산동구 동국로 197번길 109-1, 103동 302호
전화 031-976-3686
팩스 0303-3441-3686
이메일 2inbooks@naver.com

ⓒ 이인북스 편집부, 2024, Printed in Seoul, Korea

ISBN 978-89-93708-85-1 13030

값 6,000원